On m'appelle l'écureuil Pirouette. Personne ne grimpe plus vite que moi en haut des sapins!
Je me
Prosper le hibou. Je veille pendant que tout le monde dort!
Moi, c'est Charlotte. On dit que les tortues sont lentes. C'est faux: ce sont les autres qui vont trop vite!
Moi, je m'appelle Narcisse. Je voulais devenir chien policier. Mais tout est si tranquille ici...
Coucou! Nous sommes Flip et Flap, les sœurs grenouilles. Approchez, nous allons danser...
Pour moi Pancrace le renard, tous les coups sont permis. Surtout si je peux manger gratis!
Mon nom est Filou le raton laveur. Si quelqu'un me demande, je suis au bord de la rivière...

imaginé par Alain Grée, illustré par Luis Camps

PIROUETTE L'ECUREUIL

LES PATAGRAINS • NATHAN

Pirouette, peux-tu aller chercher le ballon des enfants ?
Il s'est accroché aux feuilles du vieux chêne...
– Pirouette, j'ai promis de rapporter des pommes de pin à la maison. Pourras-tu m'en cueillir quelques-unes ?
– Pirouette, le cerf-volant s'est emmêlé à la cime du peuplier. Peux-tu le détacher, toi qui grimpes si bien aux arbres... ?
L'écureuil a bon cœur. Il s'élance aussitôt dans les feuillages en sautillant de branche en branche pour satisfaire la demande de chacun. Un Patagrain ne doit-il pas toujours aider ses amis ?

Pendant l'été, les écureuils font toujours des réserves de nourriture. Mais notre ami était trop occupé à rendre service aux uns et aux autres. Lorsque l'hiver arrive, Pirouette n'a pas trouvé une minute pour mettre de côté le moindre petit champignon ni la plus minuscule noisette.
«Que vas-tu faire ? gémit sa compagne devant le buffet vide.
Tu ne peux tout de même pas laisser nos enfants mourir de faim!..»

Peut-être découvrira-t-il quelques fruits parmi les feuilles mortes qui tapissent le sol de la forêt ? Après une journée de recherches, Pirouette ne rapporte que quatre noix, trois marrons et deux champignons cachés sous la mousse. Hélas, ce repas est vite engouti ! « Encore ! s'écrient de nouveau les petits en pleurs. Nous avons faim... » Pirouette est désespéré : aucun fruit, aucune graine ne poussent en hiver. Où trouvera-t-il la nourriture nécessaire à sa famille ?

Pirouette se précipite chez Archibald. Son ami le castor dénichera bien quelques fruits sur les branches qui couvrent sa maison flottante ! « Tu n'as pas de chance, répond Archibald en entrouvrant sa fenêtre. Romarin a tout grignoté à l'automne ! Va donc rendre visite à Filou : les ratons laveurs ont toujours des provisions dissimulées dans un recoin... »

« C'est vrai, lui dit Filou. L'an passé, j'avais
fait des réserves de glands et de baies sucrées
Mais cet été, je me suis tellement amusé
que j'ai complètement oublié d'en ramasser... »

Déçu, Pirouette court jusqu'à la cabane de Picpus. Hélas, le hérisson est déjà endormi entre deux bûches, comme il le fait chaque hiver. Les Patagrains ne le reverront qu'au printemps...

«Pourquoi ne fouilles-tu pas dans les arbres creux ? ricane le hibou Prosper au-dessus de ses oreilles. Ma petite plume me dit que tu y trouveras mieux que de simples graines...»
Les arbres creux ? Diable, Pirouette n'y avait pas songé !
Il se met aussitôt à inspecter chaque tronc autour de la clairière.
La nuit est tombée, et les cris de ses petits affamés résonnent dans la forêt, lorsque ses pattes découvrent une étrange bouteille au fond de la dernière cachette. «Bien joué, Pirouette. Tu as déniché un trésor !»

Un papier est enfermé dans cette prison de verre. Grâce au long bec de Grafiti, la feuille est bientôt extraite de la bouteille. « Prosper avait raison ! s'exclame Pirouette. C'est un parchemin, écrit par le pirate Barbe-Rouge à son retour des Antilles. Il indique l'emplacement d'un fabuleux trésor... » « Un trésor ? » En une seconde, tous les Patagrains sont groupés autour du plan mystérieux.

1
2
3
4
5
6

« Avec un dessin aussi précis, déclare Filou, découvrir la cachette sera un jeu d'enfant ! Vas-y, Pirouette. Nous lisons le texte de Barbe-Rouge. A toi de suivre le chemin indiqué sur le plan.» L'écureuil doit d'abord grimper au sommet du merisier, bondir sur le cèdre bleu, compter quatre arbres, puis atteindre la cime du chêne. Il descend ensuite de quatre branches, et saute sur le tronc coupé...

« Avance de quatre pas en direction
du nord, poursuit Filou, jusqu'au grand pin rouge.»

«...Entre la septième et la huitième branche est ficelé un coffre de corsaire...» «Il s'y trouve !» s'écrie Pirouette. Faire sauter le cadenas d'un coup de mâchoire ne demande que trois secondes à la tortue. Alors, devant tous les Patagrains émerveillés apparaît le plus délicieux des spectacles.

«Des mûres de la Jamaïque !» «Des ananas de Guadeloupe !!»
«Des myrtilles de Marie-Galante !!!» Personne n'a jamais admiré de bocaux plus appétissants, ni de confitures mieux conservées. Il y a là de quoi nourrir toute la clairière pendant trois hivers ! Cette histoire montre qu'il ne faut jamais se décourager dans la vie. Car tout effort finit un jour ou l'autre par... porter ses fruits. Bon appétit, famille écureuil ! Et à bientôt, les Patagrains...

ÉCUREUIL
COMMENT VIS-TU ?

Gracieux, cocasse, infatigable, l'écureuil est sans cesse en activité. On le trouve dans les bois, où il se nourrit d'écorce, de champignons, de noisettes et de cônes de pin. A l'approche de la saison froide, il entasse des réserves de provisions sous des racines ou au fond d'un arbre creux, dans des cachettes connues de lui seul.

Il en aura bien besoin en plein hiver,
lorsque les fruits se feront rares.
L'écureuil vit en famille dans un
nid formé de brindilles et de mousse.
Il le construit sur les plus hautes branches
pour se tenir à l'abri des fouines,
ses ennemis terrestres les plus redoutables.

Contre les buses et les vautours,
il fermera totalement sa demeure à
l'aide de branchages ; surtout au printemps,
lorsque maman écureuil mettra au monde entre trois et
sept nouveau-nés ! Quant à lui, il compte sur son agilité
pour échapper à ses poursuivants, en grimpant à vive allure
le long des grands arbres de la forêt, ou en s'élançant
d'une branche à l'autre avec l'adresse d'un trapéziste. Il est
aussi capable d'effectuer un bond de cinq mètres au-dessus
du vide, en utilisant sa queue comme balancier !

N° d'éditeur: 034261
Imprimé en Espagne

Prosper
Sacripan
Romarin
Charlotte
Archibald
Flip
Flap
Adeline